Das Detektiv-Team

Name: Jo (Vorsicht: Anführer!)
Markenzeichen: gestreifte Wollmütze
Lieblingsmusik: Hip-Hop
Größtes Hobby: Fälle lösen
Größter Wunsch: Sänger oder Meisterdetektiv werden

Name: Hannes (Vorsicht: kombiniert gut!)
Markenzeichen: runde Brille
Größtes Talent: Kunststücke auf dem Einrad
Größtes Hobby: Krimis lesen und dabei Chips essen
Größter Wunsch: mit den Detektiven berühmt werden

Name: Paula (Vorsicht: schlau und frech!)
Markenzeichen: pinkfarbene Haarsträhne
Größtes Talent: Karten spielen
Größtes Hobby: Keyboard
Größter Wunsch: Computerspiele erfinden

Name: Frau Meier (Vorsicht: feine Nase!)
Alter: 28 Hundejahre
Markenzeichen: buntes Fell
Größtes Hobby: Entdeckertouren
Größte Tarnung: sieht gefährlich aus, ist aber treu und lieb
Größter Wunsch: jeden Tag eine Wurst

Loewe Lernkrimis

Diesmal erfüllen rätselhafte Diebstähle die Menschen auf Burg Schreckenfels mit Sorge. Wird das Detektiv-Team es schaffen, den Raub des wertvollen Goldschatzes zu verhindern und den unheimlichen Räuber zu überführen?

Willst du den Detektiven dabei helfen, den Dieb zu fassen?

Dann aufgepasst! Achte auf neue Spuren und geheime Hinweise, die sich auf jeder Seite verstecken. Löse die Aufgaben und trage die Lösungsbuchstaben auf der Detektivseite auf Seite 66 ein.

Zum Schluss übertrage die Buchstaben in den Lösungssatz.

So erfährst du, ob du auf der richtigen Spur warst.

Gefahr auf Burg Schreckenfels

Burg Schreckenfels

Jo, Hannes und Paula warten ungeduldig auf den Bus:
Ihre Klasse fährt für ein paar Tage zur Burg Schreckenfels.
Paula freut sich besonders. Frau Meier, die Hündin
des Hausmeisters, kommt mit auf die Klassenfahrt.
Ihr Herrchen hat nämlich Fieber und liegt im Bett.
„30 Schüler, ein Hund und unzählige Flöhe!", stöhnt
Frau Schulte, die Klassenlehrerin, laut auf. „Aber da
kann man wohl nichts machen …"
Endlich kommt der Bus und es geht los.
Einige Zeit später sieht man auf einer Anhöhe
die von Wäldern umgebene Burg Schreckenfels.
„Die Burg wird wohl gerade renoviert", meint Paula,
nachdem der Bus auf dem Hof geparkt hat.
„Da sind ja überall Handwerker."

Dehnungs-h

Gleich nach der Ankunft schreibt Paula in ihr Tagebuch.
Wie viele Wörter mit **Dehnungs-h** findest du in dem Text?
Unterstreiche sie.

> Zuerst haben wir alle vor der Schule
> gewartet, um zur Burg Schreckenfels zu
> fahren. Frau Meier hat sich wahnsinnig
> gefreut, dass wir sie mitnehmen durften.
> Nur Frau Schulte, meine Lehrerin,
> hat unzählige Schwierigkeiten befürchtet.
> Doch Frau Meier ist ja zahm.
>
> Als die Fahrt losging, strahlte die Sonne,
> sodass alle gleich gute Laune hatten
> und fröhliche Lieder gesungen haben.
> Nach einer langen Fahrt kamen wir
> endlich auf Burg Schreckenfels an. In der
> Burg war es dann nicht so heiß wie
> draußen, sondern kühl.

 Wie viele Wörter mit Dehnungs-h sind im Text?
10 Wörter mit Dehnungs-h
11 Wörter mit Dehnungs-h

Herzlich willkommen auf Burg Schreckenfels!",
ruft Herr Hempel, der Burgverwalter, und eilt
den neuen Gästen entgegen.
„Wir freuen uns sehr, dass wir hier sein dürfen",
entgegnet Frau Schulte lächelnd.
„Die Kinder sind schon ganz gespannt
und fragen mich dauernd,
ob es hier Gespenster, spukende Ritter
oder verwunschene Hausgeister gibt."
Der Burgverwalter antwortet ihr
mit gedämpfter Stimme:
„Um ehrlich zu sein: Ein Gespenst
gibt es hier zwar nicht, aber
unheimlich ist es zurzeit schon.
Letzte Woche sind nämlich
wertvolle Waffen gestohlen worden.
Wir fürchten, dass der Dieb
immer noch auf der Burg ist."
Jo, der direkt hinter Frau Schulte steht,
spitzt die Ohren. Hat er da gerade
richtig gehört? Es ist ein Einbruch
verübt worden und der Täter
läuft noch frei herum? Dieser Ausflug
könnte auch ohne Geister
richtig spannend werden …

Die Laute g/k und d/t

Überlege genau! Enden die Wörter auf **g** oder **k**?

Bur___   Spu___   Ritterschla___

Ta___   Ritterrüstun___   Herzo___

Ber___   Zinnkru___   Zwer___

Ausflu___   Zwei___   Handwer___

 Wie viele Wörter enden auf **g**?
10 Wörter [D]   8 Wörter [A]

Setze **d** oder **t** ein.

Geis___   Kin___   Bil___

Wal___   Gespens___ Gas___

Zei___   Aben___   Hun___

Han___   Gewan___   Ta___

 Wie viele Wörter enden auf **d**?
7 Wörter [R]   8 Wörter [C]

7

Unfreiwillige Begegnung

"Wir gehen jetzt erst mal alle in den Speisesaal", ruft Frau Schulte. „Wenn ihr satt seid, könnt ihr eure Rucksäcke auspacken, und dann machen wir eine Schnitzeljagd."
Während des Essens kann Jo Paula und Hannes nicht von dem belauschten Gespräch erzählen.
In dem großen Saal gibt es zu viele Ohren, die mithören könnten.
„Lasst uns schnell auspacken", flüstert er ihnen beim Essen leise zu. „Dann treffen wir uns am Kamin neben der Waffenkammer. Ich muss euch etwas Wichtiges erzählen!"
Hannes nickt schweigend.
Nach dem Essen laufen Jo, Paula und Hannes
direkt zu den Schlafsälen. Sie räumen schnell ihre Sachen in die Schränke, um noch vor der Schnitzeljagd ungestört miteinander reden zu können.

Findest du Frau Meier?
Kreise sie ein.

Wörter mit i und ie

Weißt du, was eine Schnitzeljagd ist? Hier kannst du es nachlesen. Allerdings fehlen im Text einige **i** und **ie**. Kannst du sie richtig einfügen?

So geht eine Schn__tzeljagd!

Zwei b__s drei M__tsp__ler s__nd d__ Sp__lleiter. S__ legen eine Strecke fest, d__ s__ bereits kennen, und gehen los. D__ Sp__lleiter bekommen 30 M__nuten Vorsprung. S__ kennzeichnen den Weg m__t Ästen, Steinen oder Kreide. D__ anderen Sp__ler b__lden Gruppen und folgen den Leitern jeweils __m Abstand von 20 bis 30 M__nuten. Es dürfen auch falsche Fährten gelegt werden, d__ __m N__chts enden.

Unterwegs müssen allerlei Aufgaben gelöst werden. __n einem F__lmdöschen l__gt beisp__lsweise ein Zettel m__t der Nachr__cht: „Br__ngt Blätter von fünf versch__denen Laubbäumen m__t". Oder: „Was seht __hr, wenn __hr von eurem jetz__gen Standpunkt nach Westen bl__ckt?"

Gewonnen hat d__ Gruppe, d__ am schnellsten am Z__l __st und d__ Aufgaben am besten gelöst hat.

Wie oft hast du **ie** eingesetzt?
17-mal **J**   19-mal **I**

9

Doch als sie den Flur zu den Schlafsälen entlanghasten, stolpert Jo über einen Farbeimer.
„Passt doch auf!", ruft eine Stimme und ein Mann in einem dunkelblauen Overall greift Jo am Ärmel.
Frau Meier knurrt leise.
„Gibt's wieder Ärger, Werner?" Ein anderer Mann kommt so schnell auf sie zu, dass ihm seine rote Schirmmütze fast vom Kopf fällt.
„Ist doch immer dasselbe, Karl", antwortet Werner. „Freche Bälger!"
Karl rückt seine Mütze zurecht und erwidert: „Was willst du machen? Kinder sind nun mal rücksichtslos!"
„Wischt das sofort auf!", befiehlt Werner und schaut Jo wütend an. „Ab in die Küche und lasst euch Putzmittel geben."

Was stimmt hier nicht?

Wortfamilien

Welche Wörter sind verwandt? Kreise sie in derselben Farbe ein.

kennen
der Schlafsaal
der Schlafsack
der Griff
putzen
fallen
der Greifvogel
die Bekanntschaft
ärgern
kenntlich
schlafen
schaut
der Gang
die Falle 
der Fall
die Putzhilfe

(befehlen)
(der Befehl)
der Ärger
lässig
begehbar
der Läufer
ärgerlich
(der Befehlshaber)
das Putzmittel

schaden
gehen
die Entlassung
greifen
lassen

Wie viele Wörter bleiben übrig?
3 Wörter **A**   2 Wörter **E**

11

Ein Verdacht

"Wir wischen die Farbe sofort wieder weg", sagt Jo.
"Aber können Sie nicht etwas freundlicher sein?
Schließlich haben Sie ja den Eimer mitten in den Flur gestellt."
Anstelle einer Antwort ballt Werner die Hände zu Fäusten.
"Auch noch frech werden!", raunzt Karl. "Thomas, hör dir das an."
Ein weiterer Maler kommt neugierig herbei.
"Na, da müssen wir wohl euren Lehrern mal sagen,
was ihr für Früchtchen seid", sagt er mit heiserer Stimme.
Dabei steckt er seine Hände tief in seine Jeans, die mit
gelben Farbklecksen besprenkelt ist. "Erst Unsinn machen
und dann noch bockig werden."
"Aber ich will doch alles aufwischen", antwortet Jo verärgert.
"Hör einfach nicht hin", sagt Paula laut. "Komm, wir holen uns
einen Putzlappen."
Paula beugt sich zu Frau Meier hinunter. "Wir schauen mal,
ob es in der Küche außer dem Putzzeug auch einen
Leckerbissen für dich gibt."

   ## Silben zusammensetzen

Kannst du die Silben richtig zusammensetzen?
Ein Tipp: Alle Wörter stehen links im Text.

chen – Frücht   _____

stel – le – an   _____

ten – mit   _____

kelt – spren – be   _____

te – rer – wei   _____

les – al   _____

neu – ig – gier   _____

är – ver – gert   _____

lap – Putz – pen   _____

 Wie viele Wörter haben einen doppelten Mitlaut?

4 Wörter   6 Wörter

13

Paula, die Zwillinge und Frau Meier laufen zur Küche.
Die Hündin bekommt eine Scheibe Wurst und die Kinder
Putzlappen und Eimer. Als sie den Boden gewischt haben,
schaut Jo auf die Uhr. „Mist, viel Zeit bleibt uns nicht mehr.
Lasst uns erst einmal von hier verschwinden."
„Am Getränkeautomaten ist im Moment niemand",
erwidert Paula und zeigt in eine abgelegene Ecke.
„Und Durst habe ich sowieso."
Mit einer Limo in der Hand beginnt Jo zu erzählen,
was er auf dem Burgplatz gehört hat.
„Ob wir den Dieb bereits kennen?", überlegt Hannes.
„Du denkst an die drei Maler auf dem Flur?", fragt Jo nach.
„Welcher Maler stellt seinen Eimer schon mitten in den Weg!"

 Wie heißen die Verdächtigen?
Notiere die Namen auf der Detektivseite.

Tunwörter mit b/p und g/k

In einigen Tunwörtern fehlen Buchstaben. Setze **b/p** oder **g/k** ein.

1. Jo stol__ert über einen Farbeimer.

2. Werner __allt die Hände zu Fäusten.

3. Ein Maler __ommt neugierig herbei.

4. Der Maler __es__ren__elt die Jeans mit Farbe.

5. Paula __eu__t sich zu Frau Meier hinunter.

6. Paula zei__t in eine abgelegene Ecke.

7. Jo __e__innt zu erzählen.

8. Vielleicht __ennen sie den Dieb bereits.

9. Jo den__t an die drei Maler.

10. Frau Meier fol__t Paula.

 Wie viele Tunwörter mit **b** stehen im Text?

3 Wörter D   4 Wörter S

Neue Beute?

"**A**m besten wäre es, wenn wir den Dieb auf frischer Tat ertappten", sagt Jo. "Bestimmt gibt es noch mehr Schätze auf der Burg. Wenn wir wissen, was der Dieb noch stehlen könnte, stellen wir ihm eine Falle."
In diesem Moment schlägt die Turmuhr zwei Mal.
"Aber jetzt müssen wir bei der Schnitzeljagd mitmachen", seufzt Hannes.
"Vielleicht ist die Schnitzeljagd ja eine gute Gelegenheit, um mehr über die Schätze der Burg zu erfahren", entgegnet Jo. "Frau Schulte kann uns bestimmt weiterhelfen."

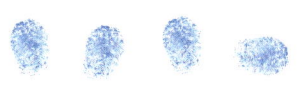 # Groß- und Kleinschreibung

Setze die passenden Wörter ein. Überlege gut, ob sie groß- oder kleingeschrieben werden.

TAT SPANNEND RUCKSÄCKE MAL FALLE GUTE ZUNÄCHST

1. Jo, Hannes und Paula möchten dem Dieb eine _____ stellen.
2. Dafür müssen sie _____ herausfinden, welche Schätze sich noch auf der Burg befinden.
3. Paula findet den Fall total _____.
4. Die Detektive möchten den Dieb auf frischer _____ ertappen.
5. Die Turmuhr schlägt zwei _____.
6. Die Kinder müssen ihre _____ auspacken.
7. Die Schnitzeljagd ist eine _____ Gelegenheit, mehr über die Burg zu erfahren.

 Wie viele Wörter werden kleingeschrieben?

3 Wörter   4 Wörter

"Puh, bin ich kaputt", stöhnt Paula nach dem Abendessen. „Den ganzen Tag zu Fuß durch den Wald und dann noch die Burgbesichtigung!"
„Aber dafür sind wir einen Schritt weiter", erwidert Jo. „Frau Schulte hat uns ja wirklich alles über die Burg erzählt."
„Besonders interessant waren ihre Bemerkungen zu den Schätzen der Burg", unterbricht ihn Hannes. „Wenn Burg Schreckenfels schon im Mittelalter wegen ihrer Goldmünzen belagert wurde, sind sie heute bestimmt unglaublich wertvoll."
„Und wir wissen auch, wo die Münzen sind: in der Schatzkammer", fügt Jo hinzu. „Und die ist im Wehrturm, der gegenüber von den Schlafsälen liegt."

 Wie viele Münzen liegen in der Vitrine?

Wörter mit ck

Kreise die Wörter mit **ck** ein. Aufgepasst, sie stehen senkrecht und waagerecht.

V	E	R	S	T	E	C	K	B
D	S	C	H	R	E	C	K	Z
P	F	C	W	I	A	S	R	K
E	D	G	E	C	D	W	U	L
G	L	O	C	K	E	C	C	L
V	N	D	K	M	C	K	K	E
E	C	K	E	Ä	K	T	S	Ö
D	G	S	R	Ä	E	L	A	I
F	A	K	E	L	L	Q	C	P
Z	K	L	D	O	E	T	K	Ä

Wie viele Wörter sind es?

8 Wörter E   9 Wörter S

Der Plan

"Wir müssen den Täter dabei erwischen,
wie er die Münzen klaut", sagt Paula.
„Aber leider wissen wir nicht, wann er zuschlagen wird.
Wir sind doch nur zwei Nächte hier", meint Hannes ratlos.
Fragend schauen beide zu Jo hinüber,
der angestrengt nachdenkt und dabei seine Wollmütze
tief in die Stirn gezogen hat.
Dann schnippt er plötzlich mit den Fingern.
„Ich habe eine Idee", ruft er. „Wir werden einfach ein Gerücht
verbreiten. Wir erzählen allen, dass die Münzen
aus Sicherheitsgründen nicht länger in der Burg bleiben sollen,
sondern schon übermorgen in eine Bank gebracht werden."
„Dann schlägt der Dieb vielleicht schon
in der nächsten Nacht zu", überlegt Paula weiter.
„Genau das soll er auch tun. Aber wir werden ihn nicht
entkommen lassen", fügt Hannes hinzu.

 Was wollen die Detektive verbreiten, um den Dieb
in eine Falle zu locken? Notiere es auf der Detektivseite.

 # Gegensatzpaare finden

Findest du das Gegenteil? Verbinde.

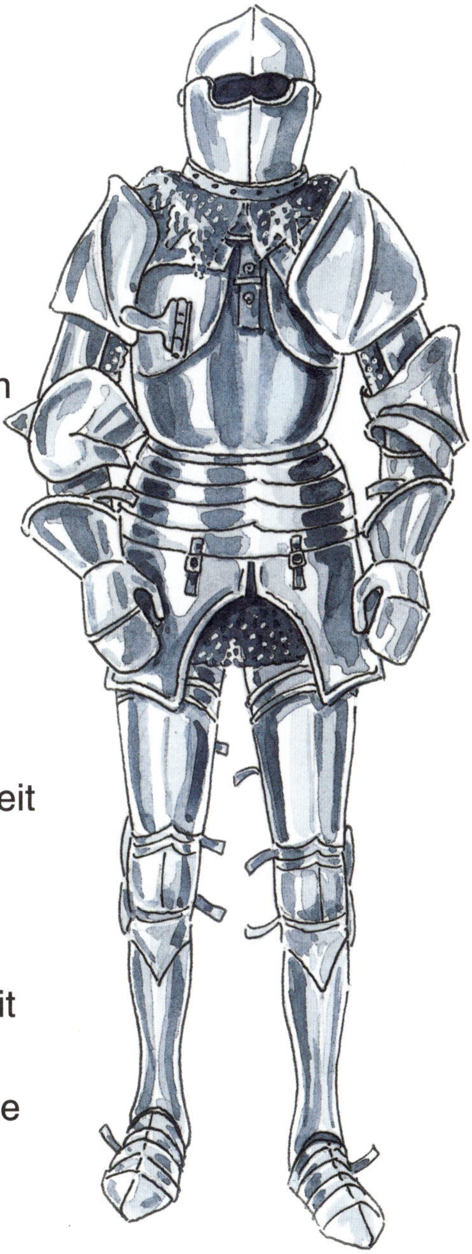

Angst	Antwort
Nacht	Wand
Licht	Tag
Stuhl	Schatten
Frage	Mut
Lüge	Lärm
Freund	Armut
Ruhe	Dummheit
Reichtum	Feind
Klugheit	Wahrheit
Gerücht	Tatsache

Wie viele Wörter bleiben übrig?

2 Wörter E   4 Wörter S

Am nächsten Tag erzählen Jo, Hannes und Paula
ihren Mitschülern von den wertvollen Münzen.
„Hast du schon gehört?", fragt Jo Laura auf dem Flur,
während er aus den Augenwinkeln die drei Maler
vom Vortag beobachtet.
Karl und Thomas streichen die Wand, während Werner
mit Kopfhörern im Ohr die Decke bearbeitet.
„Die Goldmünzen, die in der Schatzkammer liegen,
sollen morgen in eine Bank gebracht werden", fährt Jo fort.
„Angeblich soll ein Dieb in der Burg sein,
der die Münzen klauen will."
„Was sagst du da? Ein Dieb in der Burg? Das muss ich
unbedingt Anna erzählen!", meint Laura und läuft schnell
in den Schlafsaal der Mädchen.

 **Wiewörter erkennen**

Unterstreiche alle Wiewörter.

1. Jo, Hannes und Paula erzählen ihren neugierigen Mitschülern von den wertvollen Münzen.

2. Laura läuft zum großen Schlafsaal.

3. Die unfreundlichen Maler streichen die Wand.

4. Auch Frau Schulte hört davon, dass die kostbaren Münzen an einen sicheren Ort gebracht werden sollen.

5. Das Gerücht von den seltenen Münzen und dem gefährlichen Dieb verbreitet sich wie ein Lauffeuer in der alten Burg.

6. Jo, Hannes und Paula freuen sich, dass der ausgedachte Plan funktioniert.

 Wie viele Wiewörter hast du gefunden?

13 Wörter   10 Wörter

In der Schatzkammer

Die vier haben folgenden Plan: Sie wollen in der Nacht
gemeinsam zur Schatzkammer schleichen.
„Sobald alles ruhig ist, kommst du zum Kamin", flüstert Jo
Paula zu. Hannes steht zwischen den beiden und gähnt.
Alle sind sehr müde und wollen nur noch in ihre Betten.
Am Abend rollt sich Paula in ihrem Schlafsack ein und hält
mühsam die Augen offen. Als sie sicher ist,
dass alle Mädchen im Schlafsaal schlafen, steht sie leise auf.
Paula huscht auf den Flur und geht die Treppe hinunter.
Nur das weiche *Tapp, tapp* von Frau Meiers Pfoten folgt ihr.
Als sie zum Kamin kommt, sieht sie Jo und Hannes,
die bereits ungeduldig auf sie warten.

 Wo wollen die Detektive dem Dieb auflauern?
Notiere es auf der Detektivseite.

 **Lückentext**

Weißt du, was die drei Detektive miteinander sprechen? Benutze die angegebenen Wörter und vervollständige die Sätze. Achtung, ein Wort passt nicht.

Nacht, Dieb, Turm, leise, stehlen, schnappen, Vitrine, Schatzkammer, warten, verstecken, Münzen, Kamin

Ob der _____ schon in der _____ ist?

Bestimmt wird er heute _____ die Münzen _____.

Wir müssen _____ in den _____ schleichen.

Wir _____ uns und _____ auf den Dieb.

Sobald er die _____ aus der _____ nimmt, _____ wir ihn.

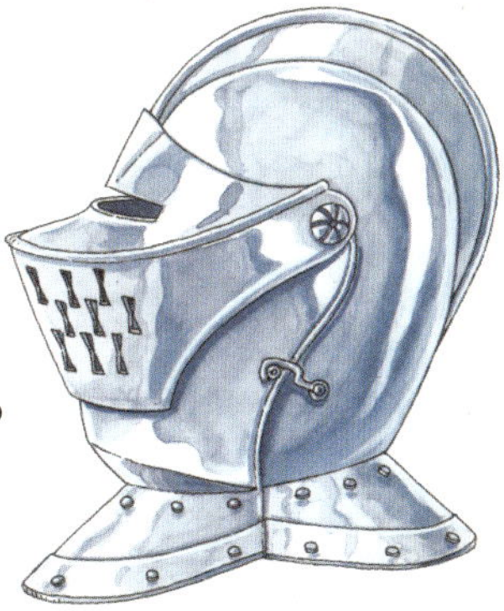

Wie viele Buchstaben hat das übrige Wort?

6 W   5 O

25

Als sie die Schatzkammer erreichen, schlägt die Turmuhr zwölf Mal. „Puh", schnaubt Hannes, „zwölf Uhr! Geisterstunde! Hoffentlich war der Dieb noch nicht da."
Die drei schauen sich um. Doch die Goldmünzen liegen unangetastet hinter den Glasscheiben einer Vitrine.
„Ich höre Schritte", flüstert Hannes auf einmal. „Los! Schnell hinter die Gardinen."
Jo, Hannes und Paula verstecken sich hinter einem Vorhang. Nur Frau Meier bleibt mit gespitzten Ohren mitten in der Schatzkammer sitzen.
„Nun komm schon! Hierher!", wispert Paula eindringlich. Kurz bevor die Tür aufgeht, trabt die Hündin zögernd zum Vorhang. Paula packt Frau Meier am Halsband. „Brav", lobt sie. Doch als Antwort fletscht Frau Meier nur ihre Zähne und gibt ein gefährliches „Grrrr" von sich.
Im selben Moment öffnet sich die Tür.

Finde alle 14 Sterne im Zimmer und kreise sie ein.

  **Wörter mit ä**

Unterstreiche alle Wörter mit **ä** aus dem Text und schreibe sie zu ihren Stammwörtern. Doch Achtung: Zu einigen Stammwörtern gibt es keine Ableitungswörter mit **ä**.

Weshalb fletscht Frau Meier die Zähne und gibt so ein gefährliches Knurren von sich? Ob sie tatsächlich den Dieb wittert? Paula findet die Anspannung langsam unerträglich. Ihre Hände sind schon ganz feucht. Und auch Hannes schlägt das Herz bis zum Hals. Selbst Jo ist mächtig aufgeregt, obwohl er schon häufig in schwierigen Situationen war. Ist der Täter hinter der Tür?

Tat _____	Gefahr _____
einsam _____	Tatsache _____
ertragen _____	Hand _____
schlagen _____	Macht _____
Türrahmen _____	Haufen _____
Zahn _____	

 Zu wie vielen Stammwörtern gibt es keine Ableitungswörter?
Zu 2 Wörtern   Zu 3 Wörtern

Frau Meier schlägt zu

"Psst!" Paula hält Frau Meier fest an ihrem Halsband.
Die Hündin hört auf zu knurren. Es wird totenstill im Raum.
Eine dunkle Gestalt schleicht sich in die Schatzkammer.
Der Strahl einer Taschenlampe streift Gemälde, Ritterrüstungen
und Vitrinen.
Paula, Hannes und Jo halten den Atem an.
Selbst Frau Meier rührt sich nicht.
Zielstrebig geht der Eindringling auf die Vitrine mit den
Goldmünzen zu. Dann öffnet er seine Tasche,
holt ein Stemmeisen heraus und legt es an.
Mit einem lauten Krachen bricht die Vitrine auf.
Einen Moment bleibt der Dieb wie angewurzelt stehen
und lauscht angestrengt in die Stille. Doch dann
greift er gierig nach den Münzen und lässt sie
in seiner Tasche verschwinden.

 Vorsilben ver- und vor-

Welche Vorsilbe passt: **Ver-/ver-** oder **Vor-/vor-**? Setze ein.
Achte auf die Groß- und Kleinschreibung.

1. Hannes, Paula und Jo _ _ _stecken sich hinter dem _ _ _hang.

2. _ _ _sichtig bleiben sie in ihrem _ _ _steck

   und beobachten das _ _ _brechen.

3. Auch Frau Meier _ _ _hält sich ruhig.

4. Der Dieb lässt die Münzen in seiner

   Tasche _ _ _schwinden.

5. Paula, Hannes und Jo können den Diebstahl zunächst nicht

   _ _ _hindern.

6. Sie dürfen auf keinen Fall _ _ _zeitig die Nerven _ _ _lieren.

 Wie oft hast du die Vorsilbe **Ver-/ver-** eingesetzt?

7-mal T   6-mal P

Hastig schließt der Dieb seine Tasche, um schnell aus
der Schatzkammer zu verschwinden.
Doch da schießt Frau Meier hinter dem Vorhang hervor, fletscht
gefährlich die Zähne und rennt zur Tür.
Sie erwischt das Hosenbein des Diebs und beißt fest zu.
Der Dieb schlägt wütend um sich,
doch Frau Meier lässt nicht locker.
„Du Mistvieh!", ruft der Mann heiser und tritt die Hündin.
Im selben Moment reißt die Hose.
Frau Meier jault auf und prallt gegen
eine Ritterrüstung.
Wütend stürzt Paula hinter dem Vorhang hervor.
„Lassen Sie gefälligst den Hund in Ruhe!",
ruft sie und stellt sich schützend
vor Frau Meier.
Auch Jo und Hannes
kommen jetzt aus ihrem Versteck.

Wortart erkennen

In den Text haben sich einige Wörter eingeschmuggelt, die nicht hineinpassen. Findest du sie? Kreise sie ein.

Nicht nur Hannes, Jo und Paula klopft das weiche Herz bis zum Hals. Auch der Dieb bekommt einen lustigen Schreck, als Frau Meier auf ihn zuläuft. Als der trübe Einbrecher um sich schlägt, stürzt Paula hinter dem nassen Vorhang hervor. Sie nimmt ihren ganzen flüssigen Mut zusammen und will die karierte Hündin vor den Tritten des Mannes beschützen.

Schreibe die Wörter auf:

_____

_____

_____

_____

_____

Zu welcher Wortart gehören die aufgeschriebenen Wörter?

Tunwörter   Wiewörter   Namenwörter

Ertappt!

Doch der Dieb knallt die Tür hinter sich zu
und hechtet die Wendeltreppe hinunter.
„Ihm nach!", ruft Hannes. Aber Jo schüttelt den Kopf.
Wortlos geht er zum Lichtschalter und es wird
schlagartig hell in der Schatzkammer.
„Zum Glück war Frau Meier bei uns!", sagt er.
„Und wenn sie mir jetzt den Fetzen Stoff gibt, den sie
noch zwischen ihren Zähnen hat, wissen wir, wer der Dieb ist."
Die Hündin überlässt ihm stolz den Stofffetzen.
„Dachte ich es mir doch!", sagt Jo.
Hannes und Paula schauen auf das Stück Jeans
mit gelben Farbflecken in Jos Hand.
„Ach, der war's also!", rufen sie wie aus einem Mund.

 Wer ist der Dieb?
Notiere deinen Verdacht auf der Detektivseite.

 # Zusammengesetzte Namenwörter

Bilde aus jeweils zwei Wörtern ein neues Wort. Schreibe die neuen Wörter in die richtigen Sätze. Doch Achtung: Einige Wörter bleiben übrig.

HOSEN   SCHREI   RITTER   MIST   LICHT   SCHATZ
FARB   RÜSTUNG   SCHALTER   RUHE   FLECKEN
KAMMER   BEIN   VIEH

1. Frau Meier erwischt das _____.

2. Der Dieb ruft laut: „Du _____!"

3. Frau Meier prallt gegen eine _____.

4. Entsetzt flieht der Einbrecher aus der _____.

5. Jo geht wortlos zum _____.

6. Jo, Hannes und Paula erkennen den Dieb

   an den _____.

Wie viele Wörter bleiben übrig?
2 Wörter H   4 Wörter X

33

Loewe Lernkrimis

Diesmal geht das Detektiv-Team auf Geisterjagd, denn während der Lesenacht in der Schulbibliothek geschehen unheimliche Dinge. Sind wirklich Geister am Werk oder wird den Schülern ein gespenstischer Streich gespielt?

Willst du den Detektiven dabei helfen, den Spuk aufzudecken?

Dann aufgepasst! Achte auf neue Spuren und geheime Hinweise, die sich auf jeder Seite verstecken. Löse die Aufgaben und trage die Lösungsbuchstaben auf der Detektivseite auf Seite 67 ein.

Zum Schluss übertrage die Buchstaben in den Lösungssatz.

So erfährst du, ob du auf der richtigen Spur warst.

Die Rache der Schulgeister

Gute Nacht!

Wo ist nur meine Brille?", flucht Hannes und krabbelt aus seinem Schlafsack. „Eben war sie noch da!"
„Pass doch auf!", schimpft Paula. „Jetzt bist du auf meine Schokolade getrampelt."
Paula und Hannes haben mit den anderen aus ihrer Klasse die Schulbibliothek leer geräumt.
Wo sonst Stühle und Lesetische stehen, sind jetzt Schlafsäcke ausgerollt. Zwischen Chipstüten, Rucksäcken, Trinkflaschen und Socken liegen Kinder und lesen. Ab und zu flüstern sie und tauschen ihre Lieblingsbücher aus.
Frau Schulte, ihre Klassenlehrerin, blickt auf das Chaos um sie herum und seufzt.

 Wo ist Hannes' Brille?

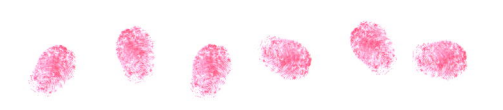

Wörter mit k und ck

Findest du die Wörter in den Wörterschlangen? Trenne sie mit einem Strich.

DECKE SCHOKOLADE SOCKE BLICKEN BIBLIOTHEK LOCKE TRINKEN

FLECKEN RUCKSACK DETEKTIV SCHLAFSACK JACKE SPUK WECKEN

Schreibe die Wörter auf und achte dabei auf die Groß- und Kleinschreibung. Kreise alle **ck** ein.

_____

_____

_____

Wie viele Wörter werden mit **ck** geschrieben?
9 Wörter [E]   12 Wörter [F]

Wie viele Wörter werden kleingeschrieben?
5 Wörter [N]   3 Wörter [M]

„Frau Schulte, ich habe eine Nachricht für Sie!" Der Hausmeister steckt seinen Kopf durch die Tür.
„Wie bitte?", fragt Frau Schulte zurück.
„Moment, ich komme zu Ihnen!" Herr Klose läuft los. Prompt stolpert er über Paulas Füße und fällt Frau Schulte direkt in die Arme.
„Entschuldigung!", meint er verlegen. „Ähm, Herr Hackmüller hat eben angerufen. Ihm geht es nicht gut."
„Was hat er denn?", fragt Frau Schulte besorgt.
„Kopfschmerzen", erklärt Herr Klose.
„Oh je", antwortet Frau Schulte. „Dann muss ich die Lesenacht ohne meinen Kollegen überstehen. Aber Sie sind ja in der Nähe."
Der Hausmeister nickt und wünscht allen eine gute Nacht. Dann verlässt er eilig die Bibliothek.

Wortfelder

Ordne die Wörter den Wortfeldern **gehen** und **sprechen** zu.
Achtung: Ein Wort bleibt übrig.

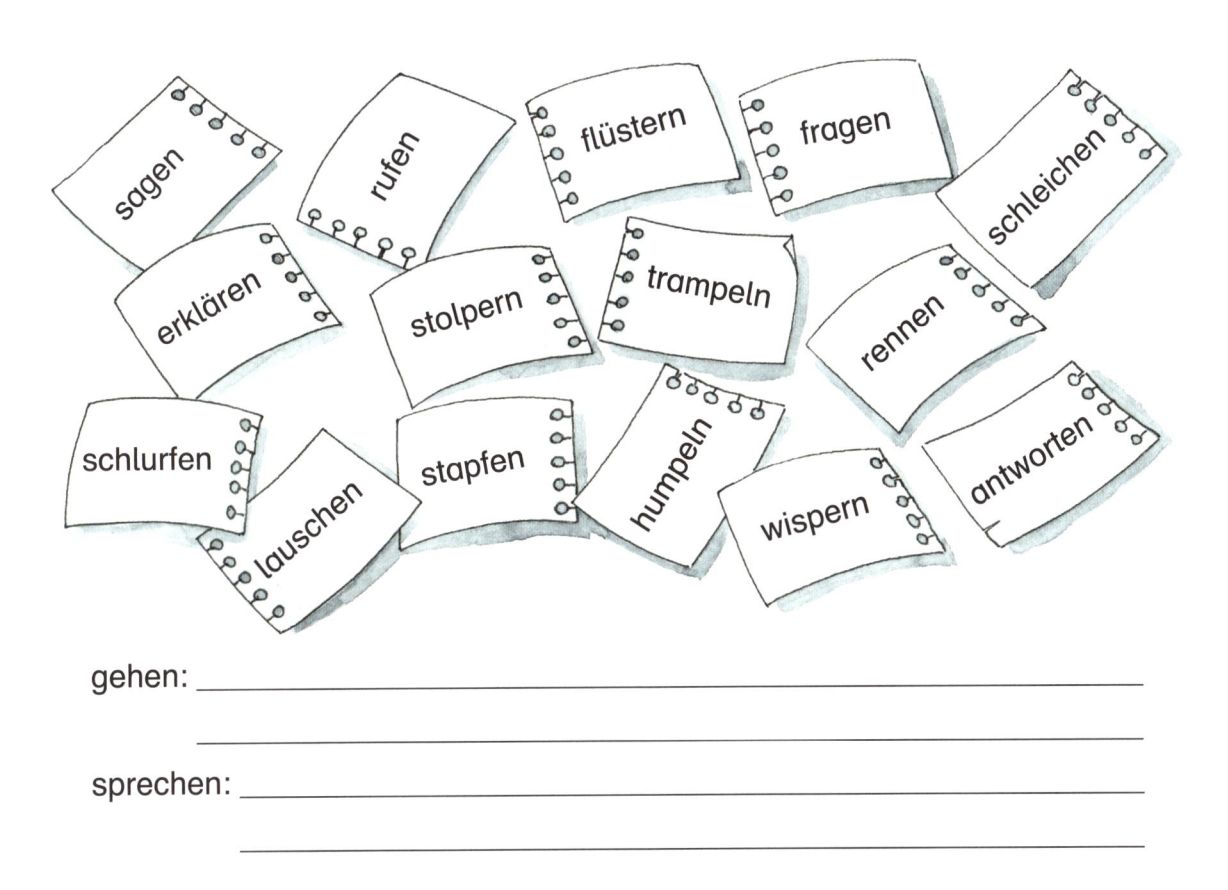

sagen, rufen, flüstern, fragen, schleichen, erklären, stolpern, trampeln, rennen, schlurfen, lauschen, stapfen, humpeln, wispern, antworten

gehen: _____
_____
sprechen: _____
_____

Wie viele Wörter gehören zum Wortfeld **gehen**?
8 Wörter **B**   7 Wörter **K**

Zu welchem Wortfeld gehört das übrige Wort?
Wortfeld **hören** **E**   Wortfeld **sehen** **T**

Graf Saugfried

„Schade, Hacki hatte uns eine richtig schaurige Vampirgeschichte versprochen", meint Sara enttäuscht.
„Na, das Buch hat er mir gestern gegeben", tröstet Frau Schulte. „Er wollte wissen, ob es gruselig genug ist."
Frau Schulte wühlt in ihrer Tasche. „Hier ist es ja. Macht einer mal das Licht aus?"
„Vorlesen ... wie langweilig", stöhnt Nicos.
„Der wird sich noch wundern", flüstert Sara ihrer Freundin Eva zu.
Paula, die direkt neben den Mädchen liegt, spitzt die Ohren. Zwischen viel Gekicher hört sie „älterer Bruder", „Spuk" und „Vampir" heraus.
„Aha", denkt Paula. „Dann weiß ich ja, wer uns heute Nacht besuchen kommt."

Wen meint Paula?
Notiere es auf deiner Detektivseite.

Wörter mit V/v

Wo passt welches Wort hin? Trage die Wörter in die Kästchen ein.
Achtung: Ein Wort bleibt übrig.

viel   Vollmond

Verbrecher

Vampir   versprechen

vorlesen

verdunkeln

vorsichtig

Mit welcher Vorsilbe beginnt das übrige Wort?

ver- Q   vor- E

Die Lehrerin setzt sich im Schneidersitz auf den Schlafsack. Sie zündet mehrere Kerzen an, die vor ihr auf dem Boden stehen. Der Kerzenschein wirft große Schatten an Wände und Regale.
„Achtung: Jetzt kommt der Vampir", flüstert Jo und klappert leise mit den Zähnen.
„Und bringt seine Haustiere mit", kichert Paula. „Süße kleine Fledermäuse."
Im flackernden Licht schlägt Frau Schulte die erste Seite des Buches auf und beginnt:

Findest du die 13 Fledermäuse? Kreise sie ein.

Wörter mit i und ie

Im Text sind einige **i** und **ie** verdeckt. Kannst du sie richtig ergänzen?

„Vor v_ie_len Jahren lebte in einem f_i_nsteren

Schloss Graf Saugfr_ie_d, ein furchtbarer Vamp_i_r.

Nachts st_ie_g er aus dem Sarg, um seinen Hunger nach

fr_i_schem Blut zu st_i_llen. Unruh_i_g flog er durch

die Gänge. Ob s_i_ch auch _i_n d_ie_ser Nacht ein

traur_i_ges Opfer auf der Suche nach s_i_lbernen Löffeln

zu _i_hm ver_i_rrt hatte? Die Habg_ie_r würde die Menschen

noch einmal alle umbr_i_ngen! Schon hörte er

die Tür des R_i_ttersaales qu_ie_tschen ..."

Wie oft hast du **ie** eingesetzt?
6-mal [K]   8-mal [G]

43

Geisterhand

Quiiietsch! Wie von Geisterhand öffnet sich im selben Moment die Tür der Schulbibliothek. Im schwachen Licht der Flurbeleuchtung zeichnet sich ein behaarter, vierbeiniger Körper ab, der langsam näher kommt.
„Huuuuuuu!", heult Jo. „Komm herein, wenn du ein Werwolf bist!"
„Aaaah!", ruft Nicos erschrocken und steckt den Kopf unter sein Kissen. Auch die anderen Kinder verkriechen sich tief in ihren Schlafsäcken.
„Das fängt ja gut an", stöhnt Frau Schulte. „Wer ist da?"
„Tapp, tapp, tapp", ist die leise Antwort. Dann raschelt Butterbrotpapier. Kurz darauf erfüllt lautes Schmatzen die ehrwürdige Schulbibliothek.

Doppelte Selbstlaute (Vokale)

Das schwache Licht wirft Schattenwörter an die Wand. Kannst du sie lesen?

Teufelsmoor   Feenstaub   Rittersaal
Himbeere   Haarbürste   Kleeblatt
Teebeutel   Segelboot   Haushaltswaage

Schreibe die Wörter auf. Kreise alle **aa**, **ee** und **oo** ein.

_____
_____
_____
_____

Wie viele Wörter mit **aa**, **ee** und **oo** hast du gefunden?

3 Wörter mit **aa** E
2 Wörter mit **aa** G

4 Wörter mit **ee** R
5 Wörter mit **ee** B

2 Wörter mit **oo** L
3 Wörter mit **oo** S

„**F**rau Meier", kichert Paula, als ihr eine nasse Hundezunge über das Gesicht fährt. „Wie kommst du denn hier herein? Hast du etwa mein Wurstbrot gerochen?"
Zufrieden lässt sich die Hündin des Hausmeisters auf Paulas Füßen nieder. Dann rollt sie sich zusammen,
grunzt noch einmal kurz und schließt die Augen.
„Merkwürdig", denkt Jo. „Seit wann kann Frau Meier Türen öffnen? Ich habe genau gesehen, wie Frau Schulte sie fest zugemacht hat ..."
Jo schaut durch die offene Tür auf den Flur. Doch dort ist niemand zu sehen.

Was hat Jo übersehen? Kreise es ein.

Zusammengesetzte Namenwörter (Substantive)

Welche zwei Namenwörter ergeben jeweils ein neues Wort?
Kreise die Wörter, die zusammengehören, in derselben Farbe ein.

Flur   Lampe
Taschen   Gespenst
Kerzen   Hand
Schloss   Beleuchtung
Geister   Zunge
Ritter   Zähne
Hund   Saal
Vampir   Schein

Schreibe die zusammengesetzten Namenwörter auf.
Achtung: Bei einem Wort musst du einen Buchstaben ergänzen.

Flurbeleuchtung

Welchen Buchstaben hast du bei einem zusammengesetzten Namenwort ergänzt?

Ein e S
Ein n R

Kettenrasseln

"Also Ruhe, es geht weiter!" Frau Schulte greift wieder zu ihrem Buch. "Ein Mann schlich in den Rittersaal, schaute verstohlen nach allen Seiten und zog die Schublade der alten Kommode auf. Als er mit zittrigen Händen nach einem silbernen Löffel griff, fiel eine Kette ..."
Ehe Frau Schulte den Satz zu Ende gelesen hat, geht klappernd das Fenster auf. Lautes Gerassel dringt von außen in die Schulbibliothek.
"Hilfe!", kreischt Eva und klammert sich an Sara, die leise kichert.
"Was war das?" Jo springt schnell aus dem Schlafsack. "Seit wann gehen Fenster von allein auf?"
"Du bleibst liegen!", befiehlt Frau Schulte. "Wenn jemand auf Vampirsuche geht, dann ich."

Doppelte Mitlaute (Konsonanten)

Erkennst du die Wörter? Schreibe sie richtig auf die Linien und achte dabei auf die Groß- und Kleinschreibung.
Ein Tipp: Alle Wörter stehen links im Text.

LÖFFEL   MANN   RITTERSAAL   SCHNELL

_____   _____   _____   _____

KLAPPERND   KETTE   ALLEIN   ZITTRIGEN

_____   _____   _____   _____

DANN   KOMMODE   KLAMMERT   GERASSEL

____   _____   _____   _____

Wie viele Wörter hast du großgeschrieben?
6 Wörter **R**
8 Wörter **U**

49

Als Frau Schulte den Kopf zum Fenster hinaussteckt, verstummt das Kettengerassel. Ein dunkler Schatten verschwindet hinter der alten Eiche.

„Wenn bloß Herr Hackmüller hier wäre ... Der könnte jetzt nachsehen, wer sich da unten herumtreibt." Frau Schulte macht das Fenster sorgfältig zu. „Jo hat ganz recht: Fenster gehen nicht von allein auf. Von außen kann es niemand geöffnet haben. Also, wer von euch war es?"

Keine Antwort.

Kopfschüttelnd setzt sich Frau Schulte wieder auf ihren Schlafsack und fährt fort: „Doch bevor der Dieb sich umdrehen konnte, biss Graf Saugfried ihm von hinten in die Kehle. Gierig saugte er den leblosen Körper bis auf den letzten Blutstropfen aus. Dann rülpste er laut und flog träge zum Fenster. Um Mitternacht hüpften die Kürbisse ..."

Tunwörter (Verben) und Wiewörter (Adjektive)

Verbinde die Wortteile richtig und schreibe die Wörter nach Wortarten geordnet auf. Ein Tipp: Alle Wörter kommen links im Text vor.

ge	gen
öff	rig
leb	hen
sau	fen
gie	nen
dun	los
bei	ge
hüp	ßen
trä	kel

Tunwörter:

_____

_____

Wiewörter:

_____

_____

Wie viele Tunwörter sind es?

5 Tunwörter **O**   3 Tunwörter **S**

Wie viele Wiewörter sind es?

6 Wiewörter **R**   4 Wiewörter **O**

51

Kürbisse und Käuzchen

"Wahhh!", kreischt Eva. "Da war ein Kürbis am Fenster und hat hereingeschaut. Ich habe es ganz deutlich gesehen."
"Es reicht", antwortet Frau Schulte. "Wir sind im ersten Stockwerk. So hoch hüpft der dickste Kürbis nicht."
"Ich habe auch eine orangefarbene Grimasse gesehen", bestätigt Paula. "Die hat mich richtig fies angegrinst." Insgeheim überlegt Paula, wie Saras Bruder das bloß angestellt hat.
Da ertönt ein fernes *Ding dong, Ding dong* ...
Die Uhr des Kirchturms läutet zwölf Mal.
"Geisterstunde!", ruft Eva ängstlich.
"Also gut!" Frau Schulte gibt sich geschlagen. "Dann schaue ich eben nach, welcher Kürbiskopf sich draußen versteckt hält."
Wieder geht sie zum Fenster, macht es auf und ruft in die Dunkelheit: "Hallo, ist da jemand?"
Ein schauriges *Huhuuuhuhuuu* ist die Antwort.

Wörter mit s und ss

Schreibe die Wörter neben die Bilder. Achte darauf, ob sie mit **s** oder **ss** geschrieben werden.

K _ _ _ _ _

T _ _ _ _

F _ _ _ _ _ _ _ _ _

K _ _ _ _ _

M _ _ _ _ _

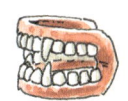

G _ _ _ _ _

S _ _ _ _ _ _

F _ _ _ _ _ _

G _ _ _ _ _ _ _

Was ist richtig?

4 Wörter werden nicht mit **ss** geschrieben. R

3 Wörter werden nicht mit **ss** geschrieben. L

53

"Seit wann gibt es denn Eulen auf dem Schulhof?", flüstert Jo Hannes zu. "Wer treibt sich da unten nur rum?"
"Ich weiß, wer da draußen ist", wispert Paula. Sie zieht Jo und Hannes zu sich. "Ich habe gehört, wie Sara mit Eva getuschelt hat. Dabei hat sie irgendetwas von ‚älterer Bruder' und ‚Spuk' gesagt."
"Also spukt Saras Bruder auf dem Hof rum?", meint Jo.
"Unwahrscheinlich", entgegnet Hannes. "Wie soll er in die Schule gekommen sein? Das Tor ist abgeschlossen. Ohne Schlüssel ist da nichts zu machen."
"Ist euch aufgefallen, wie ruhig sich Frau Meier verhält?", fragt Paula. "Wenn da tatsächlich jemand auf dem Schulhof ist, kann das nur eins bedeuten …"

Wieso hat Frau Meier nicht gebellt?
Schreibe deine Vermutung auf die Detektivseite.

Wörter mit ä und äu

Findest du die Wortpaare? Kreise sie in derselben Farbe ein.
Achtung: Ein Wort bleibt übrig.

täglich   rauschen   läuten   saugen
Gemäuer   gefährlich   Laut
klagen
Kauz   Geräusch   kläglich
Tag
Rätsel   Käse
Gefahr   Mauer
raten
Käuzchen   Säugetier

Wie viele Buchstaben hat das übrige Wort?
4 Buchstaben I   6 Buchstaben L

Was ist richtig?
Das Wort ist ein Merkwort und kann nicht abgeleitet werden. P
Das Wort kann von einem anderen Wort abgeleitet werden. D

55

Skeletta

"Frau Meier kennt das Schulgespenst", sagt Paula und krault der Hündin hinter den Ohren.

„Genau", erwidert Jo nachdenklich. „Also ..."

Doch die drei Detektive werden von Frau Schulte unterbrochen: „Legt euch wieder hin und seid ruhig! Ich lese jetzt weiter."

Wenig später ist es gespenstisch still im Raum.

„Als Saugfried den tanzenden Kürbissen eine Zeit lang zugeschaut hatte, wurde ihm langweilig. Er beschloss, seine Freundin Skeletta zu besuchen. Also flog er zum Spiegelkabinett und klopfte an."

Welches Spiegelbild stimmt? Kreuze es an.

Wörter mit Sp/sp

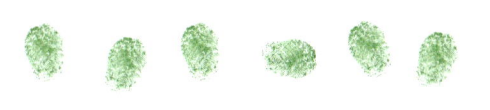

Wie lauten die Sätze? Schreibe sie richtig auf.

Skeletta schaute gerade in den Spiegel, als Graf Saugfried anklopfte.

_____

_____

Sofort schwebte sie zur Tür und blieb an einem Spinnennetz hängen.

_____

_____

Als Skeletta den Grafen sah, spuckte sie vor Aufregung.

_____

_____

Saugfried sprach beruhigend auf sie ein. Dabei glitzerten seine spitzen Eckzähne.

_____

_____

Wie viele Wörter mit **Sp/sp** findest du?

5 Wörter [S]   6 Wörter [M]

Wie viele **Sp**-Wörter sind Namenwörter?

2 Wörter [I]   3 Wörter [E]

57

Frau Schulte hält inne und schaut zur Bibliothekstür. Doch es bleibt ruhig im ersten Stockwerk. Erleichtert atmet die Lehrerin aus und blickt wieder in das Buch. „Die schöne Skeletta ..."

Tock, tock, tock. Ein lautes Klopfen hindert Frau Schulte daran, weiterzulesen.

Gebannt blicken alle zur Tür, die sich langsam öffnet. „Na, wie gefällt euch die Vampirgeschichte?" Herr Hackmüller betritt mit seinem Schlafsack unter dem Arm den Raum. Er knipst seine Taschenlampe an. „Ich habe eine Tablette genommen und meine Kopfschmerzen sind wie weggeblasen." Bei den letzten Worten rollt er seinen Schlafsack aus und gähnt. „Aaah, bin ich müde."

Was fällt Hacki aus der Hosentasche?
Notiere es auf deiner Detektivseite.

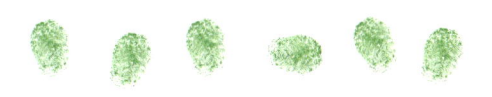

Schwierige Wörter

Setze die angegebenen Wörter richtig in die Lücken ein. Ein Tipp: Du findest alle Informationen auf der linken Seite. Aber Achtung: Ein Wort bleibt übrig.

Vampirgeschichte
betritt
Stockwerk
Tablette
knipst
Lehrerin
Bibliothek
Schlafsack
Kopfschmerzen

Die _____ der Klasse heißt Frau Schulte.
Die Schulbibliothek liegt im ersten _____.
Frau Schulte liest eine _____ vor.
Herr Hackmüller _____ den Raum.
Er _____ seine Taschenlampe an.
Unter dem Arm hat er einen _____.
Seine _____ sind verflogen, weil er eine _____ genommen hat.

Wie viele Buchstaben hat das übrig gebliebene Wort?
10 Buchstaben R
12 Buchstaben M

59

Der Komplize

"Von wegen Kopfschmerzen! Ich glaube Hacki kein Wort", flüstert Jo Hannes zu. "Hast du gesehen, was aus seiner Hosentasche gefallen ist?"
"Klar! Mit einer Tonpfeife kann man prima den Ruf einer Eule nachahmen", flüstert Hannes zurück. "Ich wette, Hacki war auch für die anderen Gruseleinheiten zuständig."
"Er kennt die Vampirgeschichte", stimmt Jo seinem Freund zu. "Deswegen konnte er im passenden Moment mit den Ketten rasseln und den Kürbis vor das Fenster halten. Und morgen wird er alles abstreiten!"
"Wir müssen den Kürbis und die Kette finden ...", überlegt Jo. "Die hat er bestimmt irgendwo versteckt."
"Stimmt. Damit überführen wir ihn. Weit weg können die Sachen nicht sein. Ich habe da auch schon eine Idee ..."
Laut ruft Hannes: "Darf ich mal aufs Klo?"
"Klar!", antwortet Frau Schulte.

Wörter mit eu

Welche Wortteile ergeben ein Namenwort? Setze die Wortteile mit dem Doppellaut **eu** zusammen und schreibe die Wörter mit ihren Begleitern auf.

Beachte: Wenn du das Wort nicht von einem **au**-Wort ableiten kannst, schreibst du **eu**!

Geh — le
T
fel
B — te
F — er
Kr — **eu** — z
Fr — nd
L — chter
Abent — er

_____
_____
_____

Wie viele Wörter haben den Begleiter **das**?

4 Wörter [H]   3 Wörter [F]

61

In der Eile hat Hacki die Ketten und den Kürbis vielleicht in dem alten Schrank versteckt", denkt Hannes, als er auf dem Flur steht. „Da werde ich als Erstes nachsehen."
Aufgeregt öffnet Hannes die Schranktüren. Und tatsächlich! In der Ecke steht ein alter Besenstiel. An seinem oberen Ende ist ein Kürbis befestigt. Und auf dem Schrankboden liegen Eisenketten.
„Volltreffer!"
Hannes geht wieder in die Schulbibliothek. Dort herrscht ein buntes Durcheinander. Keiner will jetzt schlafen. Stofftiere, Kissen und Bonbons fliegen durch die Luft.
„Ich habe den Kürbis gefunden", flüstert Hannes Paula und Jo zu. „Hacki wollte uns zum Gruseln bringen."
Jo reibt sich die Hände. „Er und sein Komplize ..."
„Sein Komplize?", fragt Hannes. „Wie kommst du denn darauf?"

Wörter mit z und tz

Findest du die Wörter? Schreibe sie auf die Linien und achte dabei auf die Groß- und Kleinschreibung. Kreise alle **z** blau und alle **tz** rot ein.

ERSKREUZGIOI	ÜÄKBLITZRTH
OLIMÜTZEAIZ	GSFWARZELJK
WEUSCHATZKLA	QASPINNENNETZPÜ
SDEKATZEKLA	CHALSCHMUTZIGTR
ASEFKERZEPOI	OLTPLÖTZLICHBAS
LUTSCHWARZPÜ	WERGFRATZEHIK

Was ist richtig?

Es sind 9 Wörter mit **tz**. [E]   Es sind 8 Wörter mit **tz**. [T]

Wie viele Wörter werden großgeschrieben?

6 Wörter [T]   9 Wörter [Z]

63

Versteckt

"Hacki stand auf dem Schulhof, als er mit den Ketten gerasselt und Käuzchen gespielt hat", erklärt Jo. "Deswegen konnte er das Fenster nicht öffnen."
"Das Fenster kann nur von innen aufgemacht werden", wirft Paula ein. "Also muss sich jemand heimlich in die Bibliothek geschlichen haben."
"Jemand, den Frau Meier kennt und der gemeinsam mit ihr hereingekommen ist", erklärt Jo.
"Und einen Schlüssel für die Schule hat", ergänzt Paula.
"Er muss sich noch hier in der Bibliothek versteckt halten," meint Jo.
"Schauen wir mal hinter die Regale?", fragt Hannes.
"Nicht nötig. Ich weiß auch so, wer es ist." Jo flüstert Hannes und Paula einen Namen ins Ohr.

Wer ist der Täter?
Notiere deinen Verdacht auf der Detektivseite.

Zusammengesetzte Wiewörter (Adjektive)

Kannst du die Bilder und Wörter richtig zusammensetzen? Schreibe die neuen Wiewörter auf. Achtung: Ein Wort ist ein Namenwort und wird großgeschrieben.

+ SCHNELL = blitzschnell

+ SCHARF = _____

+ SCHWARZ = _____

+ GERADE = _____

+ BROT = _____

+ GLATT = _____

+ ROT = _____

Wie viele Buchstaben hat das zusammengesetzte Namenwort?
9 Buchstaben D
7 Buchstaben R

65

Detektivseite
Gefahr auf Burg Schreckenfels

Seite 5 — 13
Seite 7 — 10
— 12
Seite 9 — 14
Seite 11 — 5
Seite 13 — 7
Seite 15 — 8
Seite 17 — 4
Seite 19 — 11
Seite 21 — 15
Seite 23 — 16
Seite 25 — 3
Seite 27 — 9
Seite 29 — 1
Seite 31 — 6
Seite 33 — 2

Die Namen der Verdächtigen:
_____
_____

Das verbreiten die Detektive:
_____
_____
_____

Hier lauern die Detektive auf den Dieb:
_____

Mein Verdacht:
_____

Lösungssatz:

1 2 3 4 5 6 7 8 9
10 11 12 13 14 15 16 .

Detektivseite
Die Rache der Schulgeister

Seite 37 — 14
18
Seite 39 — 16
23
Seite 41 — 9
Seite 43 — 5
Seite 45 — 2
15
20
Seite 47 — 8
Seite 49 — 3
Seite 51 — 7
17
Seite 53 — 6
Seite 55 — 10
19
Seite 57 — 11
21
Seite 59 — 4
Seite 61 — 1
Seite 63 — 12
22
Seite 65 — 13

Paula meint:

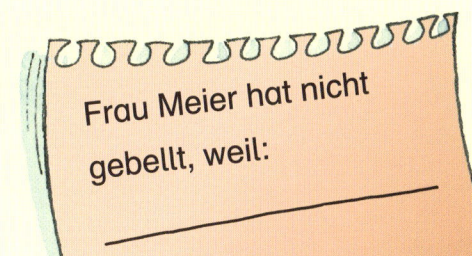

_____

_____

Frau Meier hat nicht gebellt, weil:

_____

_____

_____

Das fällt Hacki aus der Hosentasche:

_____

Mein Verdacht:

_____

Lösungssatz:

1 2 3 4 5 6 7 8 9 10 11 12

13 14 15 16 17 18 19 20 21 22 23 .

Lösungen

Auf den folgenden Seiten kannst du die Lösungen der Aufgaben überprüfen. Alles, was du hierfür brauchst, ist ein Spiegel.

Seite 5
fahren, wahnsinnig, mitnehmen, Lehrerin, unzählige, zahm, Fahrt, strahlte, fröhliche, Fahrt, kühl

Lösungsbuchstabe: **D**

Seite 7
Burg, Spuk, Ritterschlag, Tag, Ritterrüstung, Herzog, Berg, Zinnkrug, Zwerg, Ausflug, Zweig, Handwerk
Geist, Kind, Bild, Wald, Gespenst, Gast, Zeit, Abend, Hund, Hand, Gewand, Tat

Lösungsbuchstaben: **D** und **R**

Seite 8

Seite 9
Schnitzeljagd, bis, Mitspieler, sind, die, Spielleiter, Sie, die, sie, Die, Spielleiter, Minuten, Sie, mit, Die, Spieler, bilden, im Minuten, die, im, Nichts, In, Filmdöschen, liegt, beispielsweise, mit, Nachricht, Bringt, verschiedenen, mit, ihr, ihr, jetzigen, blickt, die, die, Ziel, ist, die

Lösungsbuchstabe: **I**

Seite 10
Die Schirmmütze des Malers auf dem Bild ist blau.

Seite 11
befehlen – der Befehl – der Befehlshaber;
kennen – kenntlich – die Bekanntschaft;
schlafen – der Schlafsack – der Schlafsaal;
greifen – der Griff – der Greifvogel;
putzen – die Putzhilfe – das Putzmittel;
fallen – der Fall – die Falle;
ärgern – der Ärger – ärgerlich;
gehen – der Gang – begehbar;
lassen – lässig – die Entlassung
schaut, schaden und **Läufer** bleiben übrig.

Lösungsbuchstabe: **A**

Seite 13
Früchtchen, anstelle, mitten, besprengen, kelt, weiterer, alles, neugierig, verärgert, **Putzlappen**

Lösungsbuchstabe: **l**

Seite 15
stolpert, bellt, kommt, **besprenkelt, beugt**, zeigt, **beginnt**, kennen, denkt, folgt

Lösungsbuchstabe: **S**

Seite 17
Falle, zunächst, spannend, Tat, Mal, Rucksäcke, **gute**

Lösungsbuchstabe: **M**

Seite 18
Es liegen 40 Münzen in der Vitrine.

Gefahr auf Burg Schreckenfels

Seite 19
waagerecht: Versteck, Schreck, Glocke, Ecke
senkrecht: Wecker, Trick, Deckel, Rucksack

Lösungsbuchstabe: **E**

Seite 21
Stuhl und **Wand** bleiben übrig.

Lösungsbuchstabe: **E**

Seite 23
neugierigen, wertvollen, großen, unfreundlichen, kostbaren, sicheren, seltenen, gefährlichen, alten, ausgedachte

Lösungsbuchstabe: **B**

Seite 25
Kamin bleibt übrig.

Lösungsbuchstabe: **O**

Seite 26

Seite 27
Zu **einsam** und **Türrahmen** gibt es keine Ableitungswörter auf ä.

Lösungsbuchstabe: **T**

Seite 29
verstecken, Vorhang, Vorsichtig, Versteck, Verbrechen, verhält, verschwinden, verhindern, vorzeitig, verlieren

Lösungsbuchstabe: **T**

Seite 31
weiche, lustigen, trübe, nassen, flüssigen, karierte

Lösungsbuchstabe: **S**

Seite 33
Hosenbein, Mistvieh, Ritterrüstung, Schatzkammer, Lichtschalter, Farbflecken
Schrei und **Ruhe** bleiben übrig.

Lösungsbuchstabe: **H**

Lösungssatz: Thomas ist der Dieb.

69

Lösungen

Seite 36
Die Brille ist auf dem Kaktus am Fenster.

Seite 37
Decke, Schokolade, Socke, blicken, Bibliothek, Locke, trinken, Flecken, Rucksack, Detektiv, Schlafsack, Jacke, Spuk, wecken

Lösungsbuchstaben: **E** und **M**

Seite 39
gehen: schlurfen, stolpern, stapfen, trampeln, humpeln, rennen, schleichen
sprechen: sagen, rufen, flüstern, fragen, erklären, antworten, wispern

Das Wort **lauschen** bleibt übrig.

Lösungsbuchstaben: **K** und **E**

Seite 41
Das Wort **vorsichtig** bleibt übrig.

Lösungsbuchstabe: **E**

Seite 42

Seite 43
vielen, finsteren, Saugfried, Vampir, stieg, frischem, stillen, Unruhig, sich, in, dieser, trauriges, silbernen, ihm, verirrt, Hagier, umbringen, Rittersaales, quietschen

Lösungsbuchstabe: **K**

Seite 45
Teufelsmoor, Segelboot; Feenstaub, Himbeere, Kleeblatt, Teebeutel; Rittersaal, Haarbürste, Haushaltswaage

Lösungsbuchstaben: **E**, **R** und **L**

Seite 46
Jo hat den Schatten übersehen.

Seite 47
Flurbeleuchtung, Taschenlampe, Kerzenschein, Schlossgespenst, Geisterhand, Rittersaal, Hundezunge, Vampirzähne

Lösungsbuchstabe: **S**

Seite 49
Löffel, **Mann**, **Rittersaal**, schnell, klappernd, **Kette**, allein, zittrigen, dann, **Kommode**, Klammer, **Gerassel**

Lösungsbuchstabe: **R**

Seite 51
Tunwörter: gehen, öffnen, saugen, beißen, hüpfen
Wiewörter: leblos, gierig, dunkel, träge

Lösungsbuchstaben: **O** und **O**

Die Rache der Schulgeister

Seite 51
das **Geheule**, der Teufel, die Beute,
das **Feuer**, das **Kreuz**, der Freund,
der Leuchter, das Abenteuer

Auch die Wörter **die Beule** und **die Leute** sind möglich. Dann würde aber für andere Begriffe keine passende Endung übrig bleiben.

Lösungsbuchstabe: **H**

Seite 53
Kissen, Tasse, Fledermaus, Kürbis, Messer, Gebiss, Schloss, Fenster, Grimasse

Lösungsbuchstabe: **L**

Seite 55
Tag – täglich, rauschen – Geräusch,
Laut – läuten, Gefahr – gefährlich,
Gemäuer – Mauer, saugen – Säugetier,
kläglich – klagen, raten – Rätsel,
Kauz – Käuzchen

Das Wort **Käse** bleibt übrig.

Lösungsbuchstaben: **I** und **P**

Seite 56
Das zweite Spiegelbild stimmt.

Seite 57
Skeletta schaute gerade in den **Spiegel**, als Graf Saugfried anklopfte.
Sofort schwebte sie zur Tür und blieb an einem **Spinnennetz** hängen.
Als Skeletta den Grafen sah, **spuckte** sie vor Aufregung.
Saugfried sprach beruhigend auf sie ein.
Dabei glitzerten seine **spitzen** Eckzähne.

Lösungsbuchstaben: **S** und **I**

Seite 59
Lehrerin, Stockwerk, Vampirgeschichte, betrifft, knipst, Schlafsack, Kopfschmerzen, Tablette

Das Wort **Bibliothek** bleibt übrig.

Lösungsbuchstabe: **R**

Seite 63
Kreuz, Mütze, Schatz, Katze, Kerze, schwarz, Blitz, Warze, Spinnennetz, schmutzig, plötzlich, Fratze

Lösungsbuchstaben: **T** und **Z**

Seite 65
blitzschnell, messerscharf, rabenschwarz, kerzengerade, Wurstbrot, spiegelglatt, blutrot

Wurstbrot ist das zusammengesetzte Namenwort.

Lösungsbuchstabe: **D**

Lösungssatz: Herr Klose ist der Komplize.

71

Loewe Lernkrimis

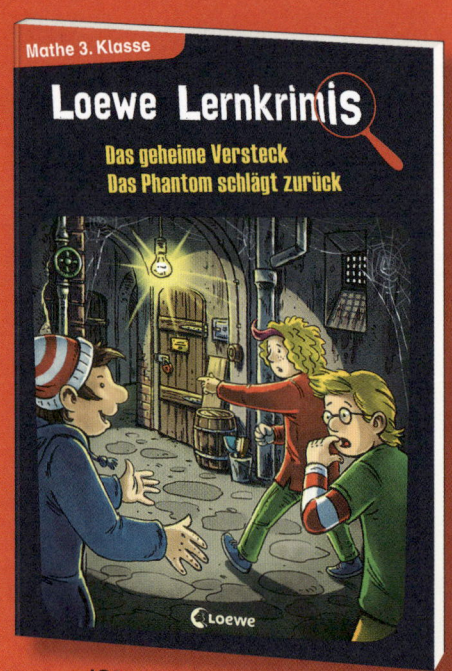

Mathe 3. Klasse

Loewe Lernkrimis
Das geheime Versteck
Das Phantom schlägt zurück

ISBN 978-3-7432-0096-8

ZWEI SPANNENDE LERNKRIMIS IN EINEM BAND!
Schaffst du es, die Fälle zu knacken?
Löse die Aufgaben und sammle zusammen
mit den Detektiven wichtige Indizien.

Loewe
Das will ich lesen!